Easy Esquites Asados

Molletes con Pico de Gallo

Pitas with Beef,

Tostadas de Salpicón

Spaghetti with

David's Latkes

Cauliflower Béchamel

Homemade Chili-Lime Chips

Carne Asada Tacos

Queso Fundido con Chorizo

Arroz con Leche

with Guacamole

con Cebollitas

Calabacitas con Queso

Shredded Beef

Croquetas de Patata con Queso

Fresas con Crema

Caesar Salad

Albóndigas en Salsa de Tomate

Flautas de Pollo

Fideo Seco

Caldo de Papa

con Pico de Gallo

Arroz Rojo

con Queso

MARCELA
VALLADOLID

COCINANDO ON COOK STREET:

A collection of mi familia's recipes

ART BY
ELIZA MORENO

Lil' LIBROS

Published in the United States by Little Libros, LLC

Text © 2022 Marcela Valladolid

Art © 2022 Eliza Moreno

Designed by Haydeé Yañez

ISBN 978-1-948066-19-8

Library of Congress Control Number
2021946847

Printed in China
JHP 06/22

Fourth Edition – 2022
24 23 22 21 20 5 4

www.LilLibros.com

MARCELA
VALLADOLID

COCINANDO ON COOK STREET:

A collection of mi familia's recipes

ART BY
ELIZA MORENO

Table of Contents

A Letter to You

Hola pequeños,

Chef Marcela here. I'm happy to share the recipes that bring my family together. You will meet my family in this libro de cocina. Tíos, tías, primos, and just about everybody who make this home on Cook Street in Chula Vista, California, the most magical and special place that it is.

I want to share a little secreto with you though: I didn't cook much growing up. In our home, we had to sit and observe and earn our place in the kitchen. My grandfather, Eugenio Rodríguez, who now watches over us from a different realm, was the most incredible cook. I remember watching him cook from his Tijuana kitchen in his home we still lovingly call Casa Grande. I learned so much watching him and my tía Marcela, his youngest daughter. My aunt has been my biggest inspiration in becoming a chef! She, like me, was a teacher of cooking and, when watching her, I understood how importante it was to not only share our delicious recipes, but to also share the stories and our family history attached to them. She helped me understand the beauty and magic of traditional Mexican cuisine and she planted in me a love of teaching.

The recipes I share here with you are intended to be prepared with the people you love. The idea is that your mom or dad or abuela or abuelo or tíos or any adult in your life will help you with handling the oven or cutting using knives, but that YOU are the one really getting into the cocina. You should head to the market with Mom. You should measure the ingredients with Tía. Ask Abuela about how SHE learned how to cook!

Some of these recipes you can conquer solito, and in others you will certainly need help from a grownup to prepare and make. What's important is that you get in the kitchen and have fun. Ask all the questions. Mess it up a few times before you get it perfect. And after you master all these recetas, how about you come up with a few on your own? ¿Qué tal if you create your own family recipe book?

Food is comida para el alma... it brings us joy and happiness, and it helps us keep our stories and culture alive. It keeps us proud and reminds us of where we come from. In this libro, you will mostly find dishes that go back to our Mexican heritage, most specifically our Tijuana roots. I've also included the recipe for latkes, a traditional pancake fritter, to celebrate our Jewish background. Our family doesn't exactly fit into the traditional mold, which is probably my favorite thing about it! I made sure to include all of the people that truly make this house on Cook Street feel like a home because that's what makes up a familia: the people that bring joy and good food and lots of love into your hogar.

I hope you enjoy these recipes as much as Fausto, David, Anna Carina, and Tío Felipe do when they end up on our own dinner table. The most beautiful memories I have with my family revolve around la cocina de Cook Street. I hope this book puts you on a journey to create your own beautiful memories.

¡Un abrazo fuerte, familia!

Marcela

Anna Carina

Anna Carina is la chiquita preciosa, as she is called by her dad. Our only daughter loves testing her strength every time she squeezes the lemon on the esquites.

Easy Esquites Asados

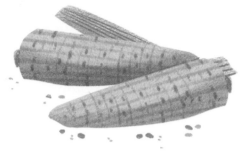

8 ears of corn on the cob, grilled
8 elotes asados a la parrilla

**1 (scant) cup sour cream
or traditional mayonnaise**
1 taza (rasa) de crema agria
o mayonesa tradicional

1/2 cup crumbled Cotija cheese
1/2 taza de queso Cotija
desmoronado

Kosher salt, to taste
Sal kosher, al gusto

Chili powder (optional)
Chile en polvo (opcional)

Lime wedges, for serving
Rodajas de limón verde, para servir

INSTRUCTIONS

Set grill pan on stove over high heat. Once very hot, brush lightly with a little oil. Brush corn with a little oil and sprinkle with salt and pepper. Grill corn until tender and brown in spots, turning occasionally to cook all sides, about 15 minutes total. Place grilled corn on a dish towel on cutting board and carefully use knife to remove kernels. Lift towel to easily transfer kernels to a bowl.

Place about 1 1/2 cups of kernels in each of 4 serving bowls. Top each with about 1/4 scant cup of sour cream or traditional mayonnaise. Top each with 2 tablespoons of crumbled Cotija cheese, salt, chili powder, and a sprinkle of lime juice to serve.

INSTRUCCIONES

Pon una plancha para asar a fuego alto. Cuando ya esté bien caliente, cepíllalo ligeramente con un poco de aceite. Unta el elote con un poco de aceite y espolvoréale sal y pimienta. Asa el elote hasta que esté blando y que tenga partes doradas, volteándolo ocasionalmente para que se cocine de todos los lados por alrededor de 15 minutos en total. Cubre una tabla para picar con una toalla de cocina, coloca sobre ella los elotes dorados y con mucho cuidado usa un cuchillo para cortar los granos de elote. Levanta la toalla para trasladar los granos a un tazón.

Coloca alrededor de 1 1/2 taza de los granos en cada uno de los 4 tazones para servir. Cúbrelos con 1/4 de taza rasa de crema agria o mayonesa tradicional. Cubre cada tazón con 2 cucharadas de queso Cotija desmoronado, sal, chile en polvo y una pizca de jugo de limón verde y sírvelos.

Serves 4 • Rinde 4 porciones

Lucía and Martina

Lucía and Martina are las primas favoritas! How amazing that David and Anna's very best friends are also their cousins. They love coming over to cook with me and the kids.

Pitas with Beef Picadillo

2 tablespoons olive oil
2 cucharadas de aceite de oliva

3/4 pound ground beef
3/4 de libra de carne molida de res

1 cup green olives with pimientos, roughly chopped
1 taza de aceitunas verdes con pimientos, picados

1/2 cup finely diced carrot
1/2 taza de zanahoria finamente picada

1/2 cup finely diced onion
1/2 taza de cebolla finamente picada

1/2 cup raisins (optional)
1/2 taza de pasas (opcional)

1 teaspoon salt and freshly ground black pepper, plus more to taste
1 cucharadita de sal y pimienta recién molida y un poco adicional al gusto

1 (14-ounce) can crushed tomatoes
1 lata de 14 onzas de tomates machacados

4 pita bread rounds, halved and separated to create pockets
4 panes de pita, cortados a la mitad y separados para crear un bolsillo

Optional Garnishes • Guarniciones Opcionales

Shredded iceberg lettuce
Lechuga iceberg picada

Sour cream
Crema agria

Sliced jalapeños
Jalapeños en rebanadas

Avocado slices
Rebanadas de aguacate

Cotija cheese
Queso Cotija

Hot sauce
Salsa picante

INSTRUCTIONS

Heat the oil in large heavy skillet over medium-high heat. Add the ground beef and cook until browned, about 7 minutes. Add the olives, carrot, onion, raisins, and 1 teaspoon salt and mix well to combine. Add the crushed tomatoes, bring to a simmer, and continue cooking until the flavors are incorporated, about 10 minutes. Adjust the seasoning with salt and pepper to taste.

Heat pita bread directly over gas burner to warm slightly or warm in oven at 400 degrees F for 10 minutes. Stuff each with picadillo, garnishes of choice, and serve.

Serves 4 to 6 • Rinde 4 a 6 porciones

INSTRUCCIONES

Calienta el aceite en un sartén grande y pesado sobre fuego medio alto. Agrégale la carne molida y cocínala hasta que se dore por unos 7 minutos. Añade las aceitunas, la zanahoria, la cebolla, las pasas y una cucharadita de sal y mézclalas bien para que se incorporen. Agrega los tomates machacados y cocina a fuego lento hasta que todos los sabores hayan sido incorporados por unos 10 minutos. Sazona al gusto con sal y pimienta.

Calienta el pan de pita directamente sobre la hornilla para calentarlo ligeramente o caliéntalo en el horno a 400 grados F por 10 minutos. Rellena cada uno con el picadillo y con las guarniciones opcionales y sírvelos.

Sofía Luz

Sofía Luz is Anna's inspiration. She is our business partner for bake sales because she makes the most delicious galletas and, afterward, she loves to come over to dig into my spaghetti with cauliflower béchamel.

Spaghetti with Cauliflower Béchamel

12 ounces cauliflower florets
12 onzas de cabezuelas de coliflor

6 tablespoons unsalted butter, divided
6 cucharadas divididas de mantequilla sin sal

1 clove garlic, minced
1 diente de ajo picado

1/4 cup whole milk
1/4 taza de leche entera

1/4 cup grated Parmesan cheese
1/4 taza de queso parmesano rallado

1 tablespoon finely chopped basil
1 cucharada de albahaca finamente picada

1 cup breadcrumbs
1 taza de pan molido

1/2 teaspoon chipotle powder
1/2 cucharadita de chipotle en polvo

Kosher salt, to taste
Sal kosher, al gusto

Freshly ground black pepper, to taste
Pimienta recién molida, al gusto

1 pound spaghetti, cooked and drained according to package directions
1 libra de espagueti, cocida y escurrida de acuerdo a las instrucciones del paquete

INSTRUCTIONS

Bring large pot of salted water to a boil. Add cauliflower and cook until very tender, about 10 minutes. Drain and transfer to a blender. Melt 4 tablespoons of the butter and add to blender. Add garlic, milk, and cheese to blender. Process on high speed until very smooth and there are no lumps.

Melt remaining 2 tablespoons of butter in medium skillet. Add basil, breadcrumbs, and chipotle and sauté until fragrant and golden brown, stirring frequently, about 6 minutes. Season with salt and pepper. Transfer pasta to large bowl and toss with cauliflower béchamel. Divide between individual plates or bowls, top with chipotle breadcrumbs, and serve.

Serves 4 to 6 • Rinde 4 a 6 porciones

INSTRUCCIONES

Pon a hervir una olla grande de agua con sal. Agrega la coliflor y cocínala hasta que esté blanda por alrededor de 10 minutos. Escúrrela y trasládala a la licuadora. Derrite 4 cucharadas de mantequilla y agrégalas a la licuadora. Añade ajo, leche y queso a la licuadora. Procesa a velocidad alta hasta que quede en una consistencia muy suave y que no tenga grumos.

Derrite las 2 cucharadas de mantequilla restantes en un sartén mediano. Añade albahaca, pan molido y chipotle y saltea hasta que esté fragante y dorado, meneando frecuentemente por alrededor de 6 minutos. Sazona al gusto con sal y pimienta. Traslada la pasta a un tazón grande y revuélvela con la béchamel de coliflor. Divídela en platos individuales o tazones, espolvoréale el pan molido con chipotle y sírvela.

David

There's an old and very wise soul that resides in our Dah-veed. My middle child loves to indulge in latkes; they must be just the right amount of crispy to dip them into the applesauce.

David's Latkes

2 large unpeeled russet potatoes, grated
2 papas rojizas grandes ralladas sin pelar

1 sweet potato, peeled (about 2 pounds total), grated
1 camote pelado y rallado (alrededor de 2 libras en total)

1 medium yellow onion, grated
1 cebolla amarilla mediana rallada

3 eggs, whisked
3 huevos batidos

1 teaspoon salt
1 cucharadita de sal

1/4 cup flour
1/4 taza de harina

Vegetable oil, for frying
Aceite vegetal para freír

Applesauce, for serving
Puré de manzana, para servir

Sour cream, for serving
Crema agria, para servir

INSTRUCTIONS

Place the grated potatoes, sweet potato, and onion in a colander set in the sink. Using all of your body weight, push out as much liquid as you can from the potatoes. This ensures a crispy latke. Then, transfer the mixture to a large bowl and mix in eggs, salt, and flour.

Pour enough vegetable oil in large frying pan to come 1 inch up the sides of the pan. The oil is ready for frying when an oil thermometer reaches 350 to 375 degrees F, or when you dip the tip of a wooden spoon into the hot oil and little bubbles form on the spoon. Using a 1/4 cup measuring cup, scoop a scant 1/4 cup of potato mixture and place in oil. Using the back of a spoon, flatten latkes once the mixture is in oil. Fry until brown, about 4 minutes per side. Transfer to paper towels to drain. Serve with applesauce and sour cream.

Serves 4 to 6 • Rinde 4 a 6 porciones

INSTRUCCIONES

Pon las papas ralladas, el camote y la cebolla en un colador en el lavatrastes. Utilizando todo tu peso corporal, saca todo el líquido que puedas de las papas. Esto asegura que el latke quede crujiente. Luego, transfiere la mezcla a un tazón y mézclala con los huevos, la sal y la harina.

Vierte suficiente aceite en un sartén grande para freir. El aceite debe alcanzar por lo menos 1 pulgada de alto a los lados del sartén. El aceite estará listo para freír cuando un termómetro de aceite alcance los 350 a 375 grados F, o cuando al sumergir la punta de una cuchara de madera en el aceite caliente, se formen pequeñas burbujas en la cuchara. Utilizando una taza de medida de 1/4, cucharea 1/4 de taza rasa de la mezcla de papa y ponla en el aceite. Usando la parte de atrás de la cuchara, aplana los latkes cuando estén en el aceite. Fríelos hasta que estén dorados por alrededor de 4 minutos por lado. Transfiérelos a una servilleta de papel para que escurran. Sírvelos con puré de manzana y crema agria.

Fausto Antonio

Fausto, el Fau Mau, is my first born and greatest teacher, el guapo de guapos and the reader of the room. He's all smiles with every bite.

Tostadas de Salpicón

1 1/2 pounds tri-tip roast
1 1/2 libras de carne de punta de res o empuje en trozo

1 white onion, peeled and quartered
1 cebolla blanca pelada y picada en cuartos

4 cloves garlic, smashed
4 dientes de ajo machacados

2 bay leaves
2 hojas de laurel

1 tablespoon salt, plus more as needed
1 cucharada de sal y un poco más si es necesario

1 teaspoon mixed peppercorns
1 cucharadita de granos de pimienta mezclados

10 tablespoons olive oil
10 cucharadas de aceite de oliva

1/4 cup red wine vinegar
1/4 taza de vinagre de vino rojo

1 lime, juiced
Jugo de 1 limón verde

Freshly ground black pepper, to taste
Pimienta recién molida, al gusto

4 Roma tomatoes, seeded and chopped
4 tomates roma, sin semilla y picados

1 unpeeled hothouse cucumber, chopped
1 pepino europeo picado con cáscara

   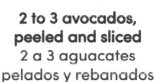

4 radishes, halved and thinly sliced (optional)
4 rábanos, cortados a la mitad, finamente rebanados (opcional)

3 tablespoons chopped fresh cilantro
3 cucharadas de cilantro fresco picado

6 to 8 tostadas
6 a 8 tostadas

2 to 3 avocados, peeled and sliced
2 a 3 aguacates pelados y rebanados

Hot sauce (optional)
Salsa picante (opcional)

INSTRUCTIONS

Place roast, onion, garlic, bay leaves, and salt in heavy large pot. Cover with water. Bring pot to boil over high heat for 10 minutes. While it's boiling, use a slotted spoon to skim and discard the gray foam from the top. Then reduce heat, add peppercorns, and simmer, covered, until meat is tender, about 2 hours.

Meanwhile, make the dressing. Whisk olive oil, vinegar, and lime in a medium bowl. Season generously with salt and pepper.

When the meat is tender, remove from cooking liquid and cool, enough to be able to shred. Allow shredded meat to cool completely. Transfer to a large bowl and gently mix in tomatoes, cucumber, radishes (if using), and cilantro. Add dressing and fold to combine. Season to taste with salt and pepper. Serve with tostadas, avocado slices, and hot sauce if the familia likes some heat.

Serves 6 • Rinde 6 porciones

INSTRUCCIONES

Coloca la carne, la cebolla, el ajo, las hojas de laurel y la sal en una olla grande. Agrega agua hasta cubrirlos. Pon la olla a hervir sobre fuego alto por 10 minutos. Mientras hierve, usa una cuchara ranurada para sacar y tirar la espuma de color gris que se acumula encima. Después disminuye el fuego, añade la mezcla de granos de pimienta y cocina a fuego lento hasta que la carne esté blanda, por unas 2 horas.

Mientras tanto, haz el aderezo. Bate el aceite de oliva, el vinagre, y el limón verde en un tazón mediano. Sazona generosamente con sal y pimienta.

Cuando la carne esté blanda, sácala del caldo y deja que se enfríe para que la puedas desmenuzar. Deja que la carne desmenuzada se enfríe completamente. Trasládala a un tazón grande y cuidadosamente agrégale el tomate, el pepino, los rábanos (si los vas a usar) y el cilantro. Agrega el aderezo e incorpóralo completamente. Sazona al gusto con sal y pimienta. Sírvelo con tostadas, rebanadas de aguacate y salsa picante, si a la familia le gusta lo picoso.

Luis Antonio and Juan Pablo

When they were little, Fausto and his primos, Luis Antonio and Juan Pablo, were the best of friends! During our travels to Mexico as a family, they would have loads of fun trying all the traditional foods and ingredients.

Molletes con Pico de Gallo

4 bolillos, split in half-length wise
4 bolillos cortados a lo largo por la mitad

3 cups refried pinto beans
3 tazas de frijoles pintos refritos

1 1/2 cups shredded Monterey Jack cheese
1 1/2 tazas de queso Monterey Jack rallado

4 Roma tomatoes, cored, seeded, and finely chopped
4 tomates roma, sin corazón, sin semilla y finamente picados

1/3 cup finely chopped white onion
1/3 taza de cebolla blanca finamente picada

2 tablespoons finely chopped cilantro
2 cucharadas de cilantro finamente picado

1 jalapeño, seeded and minced
1 jalapeño, sin semilla y picado

1 tablespoon olive oil
1 cucharada de aceite de oliva

1 tablespoon lime juice
1 cucharada de jugo de limón verde

Kosher salt, to taste
Sal kosher, al gusto

Freshly ground black pepper, to taste
Pimienta recién molida, al gusto

INSTRUCTIONS

Preheat broiler on high. Place the bolillos on a baking sheet and broil until lightly golden, about 3 minutes. Remove from the oven and spread each half of the bolillos with about 1/2 cup of refried beans. Top with shredded cheese. Return to oven and broil until cheese is melted and starting to bubble.

For the pico de gallo, mix tomatoes, onion, cilantro, jalapeño, olive oil, and lime juice in medium bowl. Season salsa to taste with salt and pepper.

Transfer bolillos to a serving tray and serve with pico de gallo.

Serves 4 • Rinde 4 porciones

INSTRUCCIONES

Precalienta el asador del horno a fuego alto. Coloca los bolillos en una bandeja para hornear y caliéntalos hasta que queden un poco dorados por unos 3 minutos. Retíralos del horno y esparce cerca de 1/2 taza de frijoles refritos sobre cada una de las mitades de bolillo. Cúbrelos con queso rallado. Regrésalos al horno y caliéntalos hasta que el queso se derrita y comience a burbujear.

Para el pico de gallo, mezcla los tomates, la cebolla, el cilantro, el jalapeño, el aceite de oliva y el jugo de limón verde en un tazón mediano. Sazona la salsa con sal y pimienta al gusto.

Traslada los bolillos a una charola y sírvelos con pico de gallo.

Gabriella

Gabriella is the actress of the family, la estrella. She happens to be a most excellent cook, with arroz con leche being her specialty.

Arroz con Leche

7 cups water
7 tazas de agua

1 cup uncooked long-grain rice
1 taza de arroz de grano largo sin cocinar

1 cinnamon stick
1 astilla de canela

1 cup whole milk
1 taza de leche entera

1 (12-ounce) can evaporated milk
1 lata (12 onzas) de leche evaporada

1 (14-ounce) can sweetened condensed milk
1 lata (14 onzas) de leche condensada azucarada

Ground cinnamon, for garnish
Canela en polvo, para decorar

INSTRUCTIONS

Place water, rice, and cinnamon stick in a heavy saucepan on medium-high heat. Bring rice to a boil, reduce heat, and simmer until rice is tender, 15 to 18 minutes. Drain any excess liquid and discard cinnamon stick. Reserve rice.

Return rice to saucepan. Stir in whole milk, evaporated milk, and condensed milk. Continue cooking on medium-high heat until mixture comes to a boil. Reduce the heat to low and continue to cook uncovered, until mixture becomes thick, about 20 minutes. Serve arroz con leche in bowls or cups, sprinkled with ground cinnamon.

Serves 4 • Rinde 4 porciones

INSTRUCCIONES

Coloca el agua, el arroz y la astilla de canela en una cacerola pesada sobre fuego medio alto. Deja que hierva el arroz y disminuye la temperatura para cocinarlo a fuego lento hasta que el arroz esté blando por alrededor de 15 a 18 minutos. Escurre el exceso de líquido y retira la astilla de canela. Reserva el arroz.

Regresa el arroz a la cacerola. Incorpórale la leche entera, la leche evaporada y la leche condensada. Continúa cocinándolo a fuego medio alto hasta que la mezcla comience a hervir. Disminuye la temperatura para cocinarlo a fuego lento y continúa cocinándolo descubierto hasta que la mezcla se ponga espesa, como por 20 minutos. Sirve el arroz con leche en tazones o tazas y espolvoréale canela molida.

Isabella and Daniella

Isabella is the first-born of all the primos and primas, while Daniella is the straight shooter who tells it how it is. They love making guac and chips when their amigas come over!

Homemade Chili-Lime Chips with Guacamole

12 corn tortillas
12 tortillas de maíz

1/2 cup vegetable oil
1/2 taza de aceite vegetal

1/4 teaspoon chipotle powder
1/4 cucharadita de chipotle en polvo

2 teaspoons finely chopped thyme
2 cucharaditas de tomillo finamente picado

2 teaspoons crumbled oregano
2 cucharaditas de orégano desmoronado

1 large lemon, zested
Cáscara rallada de 1 limón amarillo grande

2 avocados, diced
2 aguacates picados

1 tablespoon distilled white vinegar
1 cucharada de vinagre blanco destilado

1 lime, juiced
Jugo de 1 limón verde

French sea salt
Sal marina francesa

INSTRUCTIONS

Preheat oven to 400 degrees F.

Brush each tortilla with oil and cut into 8 triangular chips. Divide chips among 2 large baking sheets, making sure not to overlap the chips. In a small bowl, combine chipotle powder, thyme, oregano, and lemon zest. Sprinkle seasoning mix on top of chips. Place in the oven and bake on the top rack for 10 to 12 minutes until crisp.

You can use 2 to 3 cups of store-bought guacamole or prepare according to the following recipe. In a medium mixing bowl, add the diced avocados and mash with a fork until smooth, but still chunky. Add the vinegar and lime juice and mix to combine. Season with French sea salt.

Remove tortilla chips from oven and season with salt while warm. Dip your chips into the guacamole.

Serves 4 • Rinde 4 porciones

INSTRUCCIONES

Calienta el horno a 400 grados F.

Unta cada tortilla con aceite y córtala en 8 totopos triangulares. Separa los totopos entre dos bandejas grandes para hornear asegurándote de que no queden unos encima de otros. En un tazón pequeño, combina el chipotle en polvo, el tomillo, el orégano y el limón amarillo rallado. Espolvorea la mezcla de condimentos sobre los totopos. Colócalos en el horno y hornéalos en la rejilla superior por 10 a 12 minutos hasta que estén crujientes.

Puedes utilizar 2 a 3 tazas de guacamole comprado o prepararlo de acuerdo a la siguiente receta. En un tazón mediano, agrega los aguacates picados y machácalos con un tenedor hasta que tengan una consistencia blanda pero con trocitos. Agrégale el vinagre y el jugo de limón verde y mézclalos para que se incorporen. Sazónalo con sal marina francesa.

Retira los totopos del horno y sazónalos con sal mientras están tibios. Sirve los totopos con el guacamole.

David and Vicky

David and Vicky are los big primos to my children. They love to sit around the table with the smaller cousins and tell them about their college adventures, while botaneando on queso fundido!

Queso Fundido con Chorizo

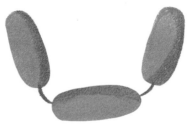

6 ounces of Mexican pork chorizo
6 onzas de chorizo mexicano de puerco

Olive oil
Aceite de oliva

2 cups shredded Monterey Jack cheese
2 tazas de queso Monterey Jack rallado

INSTRUCTIONS

Preheat oven to 375 degrees F.

Cook chorizo in heavy medium-size skillet over medium-high heat until crisp and dark, 5 to 7 minutes, breaking apart using the back of a wooden spoon. Using slotted spoon, transfer chorizo to paper towels to drain.

Grease a medium-size ovenproof baking dish with olive oil. Sprinkle cheese in bottom of the dish. Scatter chorizo over cheese. Bake until cheese is bubbly and melted, about 15 minutes. Place queso fundido on table over a trivet. Using tortilla pieces, pinch some of the cheese to make a bite-sized quesadilla and eat.

INSTRUCCIONES

Calienta el horno a 375 grados F.

Cocina el chorizo en un sartén mediano sobre fuego medio alto hasta que esté oscuro y crujiente por alrededor de 5 a 7 minutos, desmoronándolo con la parte trasera de una cuchara de madera. Usando una cuchara ranurada, transfiere el chorizo a una servilleta de papel para que escurra.

Engrasa un molde mediano para hornear con aceite de oliva. Dispersa el queso rallado en el fondo del molde. Esparce el chorizo sobre el queso. Hornéalo hasta que el queso esté burbujeante y derretido, como por 15 minutos. Coloca el queso fundido sobre la mesa utilizando un salvamanteles. Pellizca un poco de queso utilizando pedazos de tortilla para hacer quesadillas tamaño bocadillo y cómelas.

Serves 4 • Rinde 4 porciones

Ninos Rossana and Francisco

The best carne asadas are when Tía Rossana and Tío Francisco bring the carne to our house. Anna Carina's padrinos love to share their favorite recipes.

Carne Asada Tacos con Cebollitas

Olive oil
Aceite de oliva

1 pound flank or skirt steak
1 libra de filete de arrachera
o falda de res

Kosher salt, to taste
Sal kosher, al gusto

Freshly ground black pepper, to taste
Pimienta recién molida, al gusto

1 lime, juiced
Jugo de 1 limón verde

7 scallions
7 cebollitas

10 warm corn tortillas, for serving
10 tortillas de maíz calientes,
para servir

Avocado slices (optional)
Rebanadas de aguacate
(opcional)

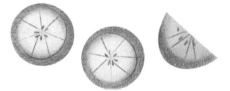

Lime wedges, for serving
Rodajas de limón verde,
para servir

INSTRUCTIONS

Heat a griddle over medium-high heat. Brush griddle with olive oil. Season meat generously with salt and pepper and sprinkle with lime juice. Place meat on griddle and cook until medium done, about 8 to 10 minutes total. Transfer meat to platter and tent with aluminum foil to keep warm.

Add scallions to the same griddle and cook until browned in spots, turning occasionally, about 8 minutes.

Chop meat into small pieces. Make tacos using tortillas, a little bit of carne asada, scallions, and avocado slices, if desired. Sprinkle with salt and serve with lime wedges.

Serves 6 • Rinde 6 porciones

INSTRUCCIONES

Calienta una plancha sobre fuego medio alto. Cepíllala con aceite de oliva. Sazona la carne generosamente con sal y pimienta y rocíala con jugo de limón verde. Coloca la carne sobre la plancha y cocínala a término medio, de 8 a 10 minutos en total. Traslada la carne a una bandeja y cúbrela con papel de aluminio para mantenerla tibia.

Agrega las cebollitas a la misma plancha y cocínalas hasta que estén doradas en varios lados, volteándolas ocasionalmente como por 8 minutos.

Corta la carne en pedazos pequeños. Prepara los tacos usando tortillas, un poco de carne asada, cebollitas y rebanadas de aguacate, si lo deseas. Rocíales sal y sírvelos con rodajas de limón verde.

Ninos Sara and Joshue

It's always a joy to enjoy my compadres' melt-in-your-mouth shredded beef, a platter they used to make for their own children.

Shredded Beef

2 tablespoons olive oil
2 cucharadas de aceite de oliva

**3 pounds beef round, cut into
1 1/2-inch chunks, all tendons removed**
3 libras de pierna de res, cortada en trozos de
1 1/2 pulgadas, con los tendones removidos

**2 tablespoons of your favorite seasoning
(anything with garlic and onion powder)**
2 cucharadas de tu sazonador favorito
(cualquiera con ajo en polvo o cebolla en polvo)

6 to 8 cups low-sodium vegetable broth, divided
6 a 8 tazas individuales de caldo vegetal
bajo en sodio

1/2 white onion
1/2 cebolla blanca

2 carrots, snapped in half
2 zanahorias partidas
a la mitad

2 celery sticks, snapped in half
2 tallos de apio partidos
a la mitad

2 bay leaves
2 hojas de laurel

INSTRUCTIONS

Heat a heavy large pot over high heat and add oil. Toss meat with seasoning until coated all over (I use my hands to really massage it in). Add to pot and cook to brown all sides, about 5 minutes, turning occasionally. It'll start to sweat and get all juicy.

Add 4 cups broth and bring to boil. Add onion, carrots, celery, and bay leaves. Reduce heat, cover, and simmer for 1 hour. Uncover, if dry, and add 2 to 4 more cups of broth; there should be just enough liquid to cover beef with some pieces above the broth. Cover and continue to cook on low until very tender, about 1 hour longer. Uncover and, using tongs, transfer meat pieces to a bowl and shred with mixer or hands.

Reserve cooking broth, discard vegetables, and strain. Drizzle some of the broth over the meat to keep it moist but not too wet. You can reheat by bringing a little broth to boil and adding shredded meat, tossing to heat.

Serves 4 • Rinde 4 porciones

INSTRUCCIONES

Calienta una olla grande y pesada sobre fuego alto y agrégale aceite. Mezcla la carne con el sazonador hasta que esté bien cubierta por todos lados (yo uso mis manos para masajearla bien). Agrega la carne a la olla y cocínala para dorarla de todos lados, por unos 5 minutos, volteándola ocasionalmente. Comenzará a sudar y a ponerse jugosa.

Añade 4 tazas de caldo y espera a que hierva. Agrega la cebolla, las zanahorias, el apio y las hojas de laurel. Disminuye el fuego, cúbrela y cocínala a fuego lento por una hora. Si la carne esta reseca, destapa la olla y agrégale de 2 a 4 tazas de caldo; solo lo suficiente para evitar que se queme. Cúbrela y continúa cocinando a fuego lento hasta que esté suave, más o menos por una hora más. Destápala y, utilizando unas tenazas, traslada los pedazos de carne a un tazón y desmenúzalos con una batidora o con las manos.

Escurre y aparta el caldo quitándole los vegetales. Agrega un chorrito del caldo sobre la carne para mantenerla húmeda pero evitando que quede muy mojada. Puedes recalentarla hirviendo un poco de caldo y agregándoselo a la carne desmenuzada, revolviéndolos para que se calienten.

Tios Esteban and Valeria

Tío Esteban loves to organize outdoor activities for the whole familia. Before we head out on an adventure with them, Tía Valeria always treat us to her famous calabacitas con queso!

Calabacitas con Queso

1 tablespoon olive oil
1 cucharada de aceite de oliva

1/2 large white onion, chopped
1/2 cebolla blanca grande picada

3 large cloves garlic, minced
3 dientes grandes de ajo picados

4 vine-ripened tomatoes, seeded and chopped
4 tomates de racimo maduros, sin semilla, picados

2 1/2 cups chopped zucchini
2 1/2 tazas de calabacita picada

1 cup fresh corn kernels (from one cob)
1 taza de granos de elote (de una mazorca)

Kosher salt, to taste
Sal kosher, al gusto

5 cups packed spinach leaves
5 tazas llenas de hojas de espinaca

1 cup shredded Monterey Jack cheese
1 taza de queso Monterey Jack rallado

Freshly ground black pepper, to taste
Pimienta recién molida, al gusto

INSTRUCTIONS

Heat olive oil in heavy large pot over medium-high heat. Add onion and garlic and sauté for 3 minutes. Add tomatoes and sauté for 3 minutes. Add zucchini, corn, and a pinch of salt and stir to combine. Place all of spinach on top of the mixture, reduce heat, cover and cook until vegetables are tender. Uncover, and stir spinach into mixture along with cheese to melt. Season mixture to taste with salt and pepper.

INSTRUCCIONES

Calienta el aceite de oliva en una olla grande a fuego medio alto. Agrega la cebolla y el ajo y saltéalos por 3 minutos. Añade los tomates y saltéalos por otros 3 minutos. Agrega la calabacita, el elote y una pizca de sal; luego, revuélvelos para que se incorporen. Coloca toda la espinaca encima de la mezcla, disminuye el fuego, cúbrela y cocínala hasta que los vegetales estén blandos. Destapa la olla e incorpora las espinacas en la mezcla agregando el queso para que se derrita. Sazona la mezcla con sal y pimienta.

Serves 4 to 6 • Rinde 4 a 6 porciones

Tíos Antonio and Lisa

Tío Toño, my older brother, and Tía Lisa are always ready to lend a helping hand in the kitchen. Tía Lisa comes from an Italian family and always adds in Italian cheeses, such as Parmesan and mozzarella, to her flautas.

Flautas de Pollo con Pico de Gallo

12 corn tortillas
12 tortillas de maíz

3 cups shredded chicken
3 tazas de pollo desmenuzado

Canola oil
Aceite de canola

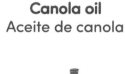
4 Roma tomatoes, cored, seeded, and finely chopped
4 tomates roma sin corazón, sin semilla y finamente picados

1/3 cup finely chopped white onion
1/3 de taza de cebolla blanca finamente picada

2 tablespoon finely chopped cilantro
2 cucharadas de cilantro finamente picado

1 jalapeño, seeded and minced
1 jalapeño picado sin semilla

1 tablespoon olive oil
1 cucharada de aceite de oliva

1 tablespoon lime juice
1 cucharada de jugo de limón verde

Kosher salt, to taste
Sal kosher, al gusto

Freshly ground black pepper, to taste
Pimienta recién molida, al gusto

2 cups shredded iceberg lettuce, for garnish
2 tazas de lechuga iceberg picada, para decorar

1/4 cup crumbled Cotija cheese, for garnish
1/4 de taza de queso Cotija desmoronado, para decorar

1 cup Mexican crema, for garnish
1 taza de crema mexicana, para decorar

Parmesan and mozzarella, for garnish
Queso parmesano y queso mozzarella, para decorar

INSTRUCTIONS

Place stack of tortillas on a plate and microwave for about 1 minute to make them pliable. Place 1/4 cup shredded chicken mixture down center of each tortilla and roll up tightly to enclose, using 2 toothpicks to secure each flauta.

Pour enough oil in heavy large pan to come 1 inch up the sides of the pan. The oil is ready for frying when an oil thermometer reaches 350 to 375 degrees F, or when you dip the tip of a wooden spoon into the hot oil and little bubbles form on the spoon. Fry flautas until crisp and golden brown, about 7 minutes total. Transfer flautas to paper towels to drain and then place on a serving platter.

Mix tomatoes, onion, cilantro, jalapeño, olive oil, and lime juice in medium bowl. Season salsa with salt and pepper to taste.

Top flautas with shredded lettuce, salsa, a drizzle of crema, and Cotija cheese crumbles. Feel free to add in Parmesan and mozzarella cheese. Serve.

Serves 4 • Rinde 4 porciones

INSTRUCCIONES

Pon una pila de tortillas en un plato y caliéntala en el microondas por 1 minuto para que las tortillas queden moldeables. Pon 1/4 de taza de pollo desmenuzado en el centro de cada tortilla y enróllalas firmemente usando 2 palillos de dientes para sujetar cada flauta.

Vierte suficiente aceite en un sartén grande hasta que cubra 1 pulgada de alto a los lados del sartén. El aceite estará listo para freír cuando un termómetro de aceite alcance 350 a 375 grados F, o cuando al sumergir la punta de una cuchara de madera dentro del aceite caliente, se formen burbujitas en la cuchara. Fríe las flautas hasta que estén crujientes y doradas por alrededor de 7 minutos en total. Traslada las flautas a servilletas de papel para que escurran y luego ponlas en una bandeja.

Mezcla los tomates, la cebolla blanca, el cilantro, el jalapeño, el aceite de oliva y el jugo de limón verde en un tazón mediano. Sazona la salsa con sal y pimienta al gusto. Decora las flautas con lechuga picada, salsa, un poco de crema y queso Cotija desmoronado. Si gustas, añade queso parmesano y mozzarella. Sírvelas.

Tía Carina

Carina is la tía más querida and also my sister and very best friend. She has the magical ability to always see the beauty in everything. She doesn't cook much, but she LOVES her ensalada César.

Caesar Salad

1/2 cup grated Parmesan cheese, plus extra for garnish
1/2 taza de queso parmesano rallado y un poco más para decorar

1 tablespoon Dijon mustard
1 cucharada de mostaza de Dijon

1 lemon, juiced
Jugo de 1 limón amarillo

1/2 teaspoon Worcestershire sauce
1/2 cucharadita de salsa inglesa

1 cup extra virgin olive oil
1 taza de aceite de oliva extra virgen

Kosher salt, to taste
Sal kosher, al gusto

Freshly ground black pepper, to taste
Pimienta recién molida, al gusto

2 hearts of romaine lettuce, chopped
2 corazones de lechuga romana picados

Croutons (optional)
Crutones (opcional)

INSTRUCTIONS

Place Parmesan, Dijon, lemon juice, and Worcestershire sauce in medium bowl and whisk. In a slow, steady stream, add olive oil. Season dressing with salt and pepper to taste.

Place romaine in large bowl and toss with enough dressing to coat. Top with additional cheese and croutons, if desired.

INSTRUCCIONES

Pon el queso parmesano, la mostaza de Dijon, el jugo de limón amarillo y la salsa inglesa en un tazón mediano y bátelos. Agrega el aceite de oliva formando un chorrito lento y constante. Sazona el aderezo con sal y pimienta al gusto.

Pon la lechuga romana en un tazón grande y mézclala con suficiente aderezo. Cúbrela con queso adicional y crutones, si lo deseas.

Serves 4 • Rinde 4 porciones

Tía Michelle

Tía Michelle is the peace activist, wisdom keeper, and sound healer! She's also an excellent pastry chef and, after her Mexica teachings, she always whips up fresas con crema.

Fresas con Crema

1 cup heavy whipping cream
1 taza de crema batida espesa

1 (14-ounce) can sweetened condensed milk
1 lata (14 onzas) de leche condensada azucarada

1 cup sour cream
1 taza de crema agria

1 tablespoon vanilla extract
1 cucharada de extracto de vainilla

32 ounces strawberries, washed, patted dry, and thinly sliced
32 onzas de fresas lavadas, secas y cortadas en rodajas finas

INSTRUCTIONS

In a medium bowl, combine heavy whipping cream, sweetened condensed milk, sour cream, and vanilla, and whisk until well combined. Add strawberries to bowl and mix. Serve in shallow serving dishes.

INSTRUCCIONES

En un tazón mediano, combina la crema batida, la leche condensada azucarada, la crema agria y el extracto de vainilla. Bátelos hasta que queden bien incorporados. Agrega las fresas al tazón y mézclalas. Sírvelas en tazones hondos.

Serves 6 to 8 • Rinde 6 a 8 porciones

María Guadalupe

María Guadalupe is a segunda madre to my three kids. There is so much warmth and love and nurturing that we feel in her presence. Lupita brings this home so much joy and recipes that warm your soul, like arroz rojo.

Arroz Rojo

 **3 cups chicken broth**
3 tazas de caldo de pollo

**1 tablespoon plus
2 teaspoons salt, divided**
1 cucharada de sal y otras
2 cucharaditas individuales

2 tablespoons olive oil
2 cucharadas de aceite de oliva

 **2 cups uncooked
white basmati rice**
2 tazas de arroz basmati

1 cup minced white onion
1 taza de cebolla
blanca picada

**2 large cloves
garlic, minced**
2 dientes de ajo picados

**1 (8-ounce) can
tomato sauce**
1 lata (8 onzas) de salsa
de tomate

 1/2 jalapeño, seeded
1/2 jalapeño sin semillas

 1/2 teaspoon garlic powder
1/2 cucharadita de ajo en polvo

**1 cup thawed frozen
peas and carrots**
1 taza de chicharos y
zanahorias descongeladas

INSTRUCTIONS

Place chicken broth and 1 tablespoon salt in a small saucepan and bring to simmer. You don't want to reduce it. You just want it to be hot for when you add to your rice.

Heat oil in heavy medium-size saucepan with lid over high heat. When very hot, add rice and sauté, stirring frequently, about 3 minutes. Add onion and garlic and stir 1 to 2 minutes until rice starts to turn golden and fragrant. Add tomato sauce and stir to absorb and release extra moisture, 1 to 2 minutes.

Add hot broth and salt to mixture and bring to boil. Stir rice and add jalapeño and garlic powder. Cover, reduce heat, and simmer 12 minutes. Quickly uncover and add peas and carrots to rice (they will sit in the center and you will mix in later). Cover and cook 3 more minutes. Uncover and gently mix rice to incorporate tomato sauce (it floats to the top) and vegetables. Cover and cook 2 more minutes. Turn off heat. And, this is very important: let rice stand, covered, at least 20 minutes before serving.

Serves 6 • Rinde 6 porciones

INSTRUCCIONES

Coloca el caldo de pollo con 1 cucharada de sal en una cacerola pequeña y cocínalo a fuego lento. No lo reduzcas. Solo debe estar caliente cuando se lo agregues al arroz.

Calienta el aceite a fuego alto en una cacerola mediana con tapadera. Cuando esté bien caliente, agrega el arroz y saltéalo, revolviéndolo frecuentemente como por 3 minutos. Agrega la cebolla y el ajo y revuélvelos por 1 o 2 minutos hasta que el arroz comience a dorarse y esté fragante. Añade la salsa de tomate y revuélvela para que absorba y suelte la humedad, de 1 a 2 minutos.

Agrégale el caldo caliente con sal a la mezcla y espera a que hierva. Revuelve el arroz y agrégale el jalapeño y el ajo en polvo. Cúbrelo, disminuye la temperatura y cocínalo a fuego lento por 12 minutos. Destápalo rápidamente y añade los chicharos y las zanahorias al arroz (quedarán en el centro y las mezclarás más adelante). Cúbrelo y cocínalo por 3 minutos más. Destápalo y poco a poco mezcla el arroz para que se incorpore con la salsa de tomate (que flota hacia arriba) y los vegetales. Cúbrelo y cocínalo por 2 minutos más. Apaga la llama. Esto es muy importante: deja reposar el arroz cubierto por lo menos por 20 minutos antes de servirlo.

Abuela Olga and Abuelo Fausto

Fau's Abuela and Abuelo are from Tijuana, and this is where Fau experienced the most traditional Mexican comidas prepared by his most beautiful Abuela Olga. While dining together, Abuelo Fausto would reminisce about his career as a champion of charrería!

Albóndigas en Salsa de Tomate

1 pound ground beef
1 libra de carne molida de res

1 small carrot, finely grated
1 zanahoria pequeña finamente picada

1 small unpeeled zucchini, finely grated
1 calabacita pequeña, con cáscara, finamente picada

1 egg
1 huevo

1/4 teaspoon garlic powder
1/4 cucharadita de ajo en polvo

1/2 cup breadcrumbs
1/2 taza de pan molido

2 teaspoons salt
2 cucharaditas de sal

1/2 teaspoon freshly ground black pepper
1/2 cucharadita de pimienta recién molida

2 hard-boiled eggs, chopped
2 huevos cocidos, picados

2 tablespoons olive oil
2 cucharadas de aceite de oliva

6 Roma tomatoes, cored
6 tomates roma, sin corazón

1/2 white onion
1/2 cebolla blanca

2 cloves garlic, peeled
2 dientes de ajo pelados

2 cups chicken broth
2 tazas de caldo de pollo

Chopped parsley, for garnish
Perejil picado, para decorar

INSTRUCTIONS

Mix ground beef, carrot, zucchini, egg, garlic powder, breadcrumbs, salt, and pepper just enough to combine ingredients. Make golf ball-sized meatballs with the meat mixture. Using your finger, make a small indentation in each meatball and fill with some hard-boiled egg pieces. Fully enclose the egg with meat mixture to again have a round albóndiga.

Heat oil in heavy large saucepan over medium-high heat. Add albóndigas and cook until browned on all sides, about 8 minutes, moving them around, so they don't stick to the pan.

Meanwhile, place tomatoes, onion, garlic, and chicken broth in a blender and process until smooth.

When albóndigas are browned, transfer to plate and set aside. In the same hot pan, add tomato sauce and cook until deep red in color, about 10 minutes. Return albóndigas to pan, cover, and simmer until they are cooked through, about 20 minutes. Season to taste with salt and pepper. Transfer albóndigas with salsa to shallow platter and serve. Sprinkle with chopped fresh parsley if desired.

Serves 12 • Rinde 12 porciones

INSTRUCCIONES

Mezcla la carne molida con la zanahoria, la calabacita, el huevo, el ajo en polvo, el pan molido, la sal y la pimienta solo lo suficiente para que se combinen. Haz bolitas de tamaño de una pelota de golf con la mezcla. Utilizando tu dedo, haz una pequeña hendidura en cada albóndiga y rellénala con trocitos de huevo cocido. Cubre bien el huevo con la carne para volver a tener una albóndiga redonda.

Calienta el aceite en una cacerola grande y pesada a fuego medio alto. Agrega las albóndigas y cocínalas hasta que estén doradas por todos lados, por aproximadamente 8 minutos, moviéndolas constantemente para que no se peguen a la cacerola.

Mientras, pon los tomates, la cebolla, el ajo y el caldo de pollo en la licuadora y licúalos hasta que tengan una consistencia suave.

Cuando las albóndigas estén doradas, transfiérelas a un plato y hazlas a un lado. En el mismo sartén caliente, agrega la salsa de tomate y cocina hasta que tenga un color rojo intenso, por aproximadamente 10 minutos. Regresa las albóndigas a la cacerola, cúbrelas y cocínalas a fuego lento hasta que estén cocidas por unos 20 minutos. Sazónalas al gusto con sal y pimienta. Traslada las albóndigas con la salsa a una bandeja un poco honda y sírvelas. Espolvoréales perejil picado, si lo deseas.

Abuelita Zonia and Abuelito Roberto

Our best days are spent with Abuelita Zonia and Abuelito Roberto. Abuela Zonia is one of the best cooks I've ever known. My husband, Felipe, is so lucky to have grown up eating the most delicious meals. He's been known to eat an entire platter of croquetas in one sitting.

oil

salt

Croquetas de Patata con Queso

1 1/2 pounds russet potatoes (about 3 small potatoes), peeled
1 1/2 libras de papas rojizas (unas 3 papas pequeñas) peladas

2 tablespoons unsalted butter
2 cucharadas de mantequilla sin sal

Kosher salt, to taste
Sal kosher, al gusto

Freshly ground black pepper, to taste
Pimienta recién molida, al gusto

A pinch of nutmeg
1 pizca de nuez moscada

3 eggs, divided
3 huevos individuales

1 1/2 cups grated mozzarella cheese
1 1/2 tazas de queso mozzarella rallado

1/2 cup grated Parmesan cheese
1/2 taza de queso parmesano rallado

Flour
Harina

Breadcrumbs
Pan molido

Oil, for frying
Aceite para freír

INSTRUCTIONS

Place potatoes in large pot and fill with water. Add plenty of salt. Bring water to boil and cook potatoes until fork-tender, about 25 minutes. Drain and cool potatoes slightly. Transfer potatoes to large bowl and mash using potato masher. Stir in butter to melt. Season with salt, pepper, and nutmeg. Allow for mixture to cool a bit, about 5 minutes. Lightly beat 1 of the eggs and stir into potatoes. Add mozzarella and Parmesan cheese and mix.

Measure about 2 tablespoons of potato mixture and form into a ball. Then make the croqueta into an oval shape. Place on a working surface and continue to form croquetas with the rest of the potato mixture.
In 3 separate shallow bowls, add flour, the remaining 2 eggs that have been beaten, and the breadcrumbs.
Place a croqueta in the flour and coat evenly. Next, fully coat croqueta in egg wash, and then cover with breadcrumbs. Do the same with all of the croquetas.
Place croquetas on a baking sheet and cover. Place in freezer for about 35 minutes.

Remove from freezer and fry in batches in hot oil. The oil is ready for frying when an oil thermometer reaches 350 to 375 degrees F, or when you dip the tip of a wooden spoon into the hot oil and little bubbles form on the spoon. Fry until croquetas are golden brown. Repeat process with remaining croquetas. Serve warm.

Serves 20 • Rinde 20 porciones

INSTRUCCIONES

Coloca las papas en una olla grande y llénala con agua. Agrégales bastante sal. Deja que hierva el agua y cocina las papas hasta que estén bien suaves, por alrededor de 25 minutos. Escurre las papas y deja que se enfríen un poco. Transfiérelas a un tazón grande y machácalas usando un machacador de papas. Agrégale la mantequilla para que se derrita. Sazona con sal, pimienta y nuez moscada. Deja que el puré se enfríe un poco, por unos 5 minutos. Bate ligeramente uno de los huevos y agrégaselo a las papas. Añade queso mozzarella y parmesano y mézclalos.

Mide cerca de 2 cucharadas de puré y forma una bolita. Luego, dale a la croqueta una forma ovalada. Colócala sobre una superficie y continúa formando las demás croquetas con el resto del puré de papa.
En 3 tazones separados, agrega harina, los 2 huevos batidos restantes y el pan molido.
Coloca una croqueta en la harina y cúbrela bien por todos lados. En seguida, pasa la croqueta por el huevo batido hasta que quede bien cubierta y luego cúbrela con el pan molido. Haz lo mismo con todas las croquetas. Pon las croquetas en una bandeja para hornear y cúbrelas. Colócalas en el congelador por unos 35 minutos.

Retíralas del congelador y fríelas en tandas en el aceite caliente. El aceite estará listo cuando un termómetro de aceite alcance los 350 a 375 grados F o cuando al sumergir la punta de una cuchara de madera en el aceite caliente, se formen burbujitas en la cuchara. Fríe hasta que las croquetas estén bien doradas. Repite el mismo proceso con las croquetas restantes. Sírvelas tibias.

Felipe and Marcela

We fall more in love cooking together. Felipe is my lob and always the perfect caballero. He is the true chef in this familia.

Fideo Seco

2 cloves garlic, peeled
2 dientes de ajo pelados

2 cups canned crushed tomatoes
2 tazas de tomates machacados de lata

2 cups chicken broth
2 tazas de caldo de pollo

2 teaspoons adobo from canned chipotles (optional)
2 cucharaditas de adobo de chipotles enlatados (opcional)

Salt, to taste
Sal, al gusto

Freshly ground black pepper, to taste
Pimienta recién molida, al gusto

2 tablespoons olive oil
2 cucharadas de aceite de oliva

7 ounces alphabet pasta
7 onzas de pasta de letras

Avocado slices
Rebanadas de aguacate

1 lime, juiced
Jugo de 1 limón verde

Mexican crema
Crema mexicana

INSTRUCTIONS

Place garlic, tomatoes, chicken broth, and adobo in a blender and process until very smooth. Season with salt and pepper.

Heat olive oil in heavy medium saucepan over medium-high heat. Add pasta and sauté until slightly golden brown and it begins to smell a little nutty, about 5 minutes. Add sauce, bring to a boil, reduce heat, and simmer, covered, until pasta is cooked, about 25 minutes. Transfer to serving dish and garnish with avocado slices, a sprinkle of fresh lime juice, and a drizzle of Mexican crema.

INSTRUCCIONES

Pon el ajo, los tomates, el caldo de pollo y el adobo en la licuadora y licúalos hasta que tengan una consistencia suave. Sazona con sal y pimienta.

Calienta el aceite de oliva en una cacerola mediana a fuego medio alto. Agrega la pasta y saltéala hasta que quede ligeramente dorada y comience a oler un poco a nuez, como por 5 minutos. Añade la salsa, hiérvela y luego disminuye el fuego. Tápala y deja que se cocine a fuego lento hasta que la pasta esté cocida por alrededor de 25 minutos. Trasládala a un plato para servir y decórala con rebanadas de aguacate, una pizca de jugo de limón verde y un poco de crema mexicana.

Serves 4 • Rinde 4 porciones

Abuela María de la Luz and Abuelo Antonio

Abuela Lucha is now watching us from heaven, making sure we keep all our traditions alive and this familia together by passing down all of these recipes. Abuelito Tony always says that there must be a soup course when he sits down to eat, and caldo de papa is one of his favorites.

Caldo de Papa con Queso

3 tablespoons olive oil
3 cucharadas de aceite de oliva

1/2 white onion, thinly sliced
1/2 cebolla blanca cortada
en rodajas finas

3 cloves garlic, peeled and minced
3 dientes de ajo pelados y picados

**1 large poblano chile,
stemmed, seeded,
and cut into strips**
1 chile poblano grande,
sin tallo, sin semilla
y picado en tiras

**3 tomatoes, cored,
and finely chopped**
3 tomates sin corazón
y finamente picados

**2 large russet potatoes,
peeled and cut into
1/2-inch cubes**
2 papas rojizas grandes,
peladas y cortadas en
cubitos de 1/2 pulgada

6 cups chicken broth
6 tazas de caldo de pollo

Kosher salt, to taste
Sal kosher, al gusto

**Freshly ground black
pepper, to taste**
Pimienta recién molida, al gusto

**10 ounces queso fresco,
cut into cubes**
10 onzas de queso fresco
cortado en cubitos

INSTRUCTIONS

Heat olive oil in heavy large pot over medium-high heat. Sauté onion and garlic until translucent, about 6 minutes. Add poblano strips and tomatoes. Continue sautéing until poblano strips are soft, about 8 minutes. Add potatoes and continue to sauté, for about 7 minutes. Add chicken broth, bring to a boil, and reduce heat to simmer.

Cook until potatoes are fork-tender, about 25 minutes. Season soup with salt and pepper. Add cheese and continue to cook for about 5 minutes. Serve hot.

INSTRUCCIONES

Calienta el aceite de oliva en una olla grande sobre fuego medio alto. Sofríe la cebolla y el ajo hasta que estén transparentes por alrededor de 6 minutos. Añade las tiras de chile poblano y los tomates. Continúa salteando hasta que las tiras de chile poblano estén blandas, como por 8 minutos. Agrégale las papas y sigue salteando, más o menos por 7 minutos. Añade el caldo de pollo, hiérvelo y después disminuye la temperatura para que se cocine a fuego lento.

Cocínalo hasta que las papas estén blandas por alrededor de 25 minutos. Sazona el caldo con sal y pimienta. Agrégale el queso y continúa cocinándolo por 5 minutos más. Sírvelo caliente.

Serves 6 • Rinde 6 porciones

¡Somos familia!

Marcela Valladolid

Marcela Valladolid is an Emmy-nominated celebrity chef, television personality, designer, author, mother, and businesswoman. Growing up around expert and traditional cooks in Tijuana, Mexico, Marcela was raised to be passionate about food.

She has authored numerous nationally best-selling cookbooks, including her most recent *Casa Marcela: Recipes and Food Stories of My Life (2017)* and *Fiestas: Tidbits, Margaritas & More (2019)*.

In January 2021, Marcela launched Casa Marcela, a lifestyle online store offering artisanal pieces from all across Mexico. She is currently co-hosting the "Marcela & Carina Show," a virtual live cooking class & entertainment show with her sister, Carina Valladolid. Marcela resides in Chula Vista, CA with her partner Philip Button and their three children, Fausto, David, and Anna Carina, and their dog, Kongo.

Eliza Moreno

Eliza Moreno makes her U.S. debut with this project. She was born in a very small city in the middle of the desert in northern Mexico. Eliza has always loved movies, colored pencils, new notebooks, and diaries. While enrolled at Universidad Autónoma de Nuevo León, she fell in love with illustration and decided to devote herself to it full-time. Her illustrations are deeply inspired by everyday life, love, and well-being. She currently resides in Mexico City.

The valuable lesson I learned
from my mom, who's now in heaven,
is that in food, as in life, the most
important ingredient you'll ever
need is authenticity. The courage
to be yourself will always yield
the most delicious result!

Marcela

DEDICATED TO:

I would like to dedicate this book to the children
I love the most en este mundo: Fau Mau, David,
and Annita, but most importantly Marcelita...
for never letting go of the dream.

Marcela

To my beloved Emilio and Franco.
To my brightest star, César.

Eliza